AF592004

ESSAI

SUR LA

SOUVERAINETÉ.

PRIX : 1 fr. 50 c.

PARIS,

CHEZ PAULIN, LIBRAIRE, PLACE DE LA BOURSE, N° 31;
ET CHEZ LES MARCHANDS DE NOUVEAUTÉS.

1834.

c

ESSAI

SUR LA

SOUVERAINETÉ.

AVANT-PROPOS.

Notre ordre politique se fonde sur le principe de la souveraineté du peuple.

Qu'est-ce que ce principe ?

Tous les partis s'en emparent, le tiraillent, le dissolvent en conséquences diverses et même opposées. Leurs mauvais raisonnemens ont produit dans les idées une confusion presque générale, que vient encore augmenter l'hésitation du pouvoir sur le sens et l'application de la pensée qui lui a donné la vie.

Ce pouvoir, lorsqu'il devait prouver son droit et surtout sa conviction de ce droit, n'a parlé que de nécessité, ne s'est prévalu que de la suprême loi, du besoin de sauver une grande nation. Ces mots ne peuvent justifier que des mesures urgentes ; ils ne conviennent qu'à un gouvernement provisoire.

Il fallait embrasser plus franchement son principe, s'y attacher soi-même de toutes ses forces pour y faire adhérer autrui, démontrer son droit aux esprits incertains, et le défendre contre tout adversaire.

Le gouvernement sorti de la commotion de 1830 a peut-être trouvé son principe dangereux pour lui-même. S'il était dangereux, il serait faux ; s'il était faux, il ne donnerait ni droit ni force : il faudrait l'abandonner.

Il importe donc à tout le monde, même au pouvoir, de savoir à quoi s'en tenir sur la souveraineté du peuple et sur les conséquences qui en dérivent nécessairement.

L'ouvrage que je présente a pour objet de provoquer un examen approfondi sur cette importante matière, et de poser quelques bases à cet examen.

On reconnaîtra dès les premières lignes que j'ai une opinion formée. Tout homme qui n'en aurait pas une sur un sujet qu'il a long-temps étudié serait dépourvu de la faculté de conclure. Mais on verra aussi que, loin de vouloir imposer mon opinion, je la présente souvent sous une forme dubitative. Je ne me crois pas infaillible, et quand je serais certain d'avoir trouvé la vérité, j'aimerais encore à la soumettre à la contradiction : elle en acquiert une plus grande force propagative.

Quoique réduit à marcher sur une voie battue, je crois avoir saisi quelques aperçus nouveaux ; je ne les signale que pour appeler sur eux un examen spécial, une critique particulière. Je demande une seule grâce, c'est qu'on examine mon ouvrage dans son ensemble ; il forme un seul système de raisonnement. La critique qui commencerait par le démembrer serait facile ; mais ce ne serait pas une critique.

Je n'ai voulu ni réfuter ni reproduire aucun livre. Si cet écrit a quelques rapports inévitables avec le *Contrat social*, on reconnaîtra qu'il s'en éloigne dans les points importans. Rousseau avoue que, dans son système, le principe de la souveraineté du peuple ne peut être applicable qu'à une très petite cité : si je ne concevais pas autrement ce principe, je n'en parlerais pas sérieusement ; je conseillerais à une nation de trente-deux millions d'hommes de le reléguer au rang des chimères.

ESSAI

SUR LA

SOUVERAINETÉ.

CHAPITRE PREMIER.

Définition.

Quand on a dit que la souveraineté est la puissance suprême, la pleine puissance sur un peuple, on n'a donné que des variantes grammaticales; la définition restait à faire. Qu'est-ce que la puissance suprême, la pleine puissance?

Si on disait que c'est un pouvoir sans limites ni restrictions, on poserait le plus faux et le plus dangereux des principes. Il est des actes interdits à la souveraineté, quelqu'étendue qu'on puisse la supposer, et quelque part qu'on la place. Par exemple, un souverain ne peut vendre son peuple; un peuple ne peut se vendre ni se donner lui-même.

Si la souveraineté n'est pas l'omnipotence absolue, elle est cependant une puissance de droit, ayant toute l'étendue nécessaire à ses fins.

Les fins de la souveraineté sont:

1° De fixer toutes les conditions d'une association nationale, par des lois qui constituent des pouvoirs, qui règlent les rapports de pouvoir à pouvoir, des pouvoirs avec les citoyens et des citoyens entre eux;

2° De faire exécuter ces lois, administrativement et juridiquement;

3° De défendre la nation contre ses ennemis, et de maintenir le plus avantageusement possible ses relations avec les autres états politiques.

Je crois donc pouvoir définir la souveraineté: *l'ensemble*

des pouvoirs nécessaires pour constituer, régir et défendre une nation.

Il convient de remarquer que le mot *pouvoir* doit toujours s'entendre de la puissance unie au droit. Ainsi la souveraineté est censée réunir à l'ensemble des droits toute la puissance nécessaire à leur exercice (1).

(1) *Voyez* cependant une distinction au chap. V.

CHAPITRE II.

Où réside la souveraineté (1)?

La fameuse question du droit divin paraît abandonnée en France; mais elle a été plutôt tranchée par la force majeure que résolue par des moyens de conviction. Elle se cache sous toutes les autres questions de légitimité politique; elle est d'ailleurs encore le grand problème dans une bonne partie de l'Europe; il est donc nécessaire d'y revenir, et de voir si on ne peut la résoudre même dans la langue des théologiens.

Ceux-ci ont dit : Le principe, la source de toute souveraineté, est Dieu même. Les dépositaires du pouvoir suprême ne doivent qu'à Dieu le compte de l'usage qu'ils en font.

Les philosophes ont répondu : Ce droit divin n'a pour base que des fictions imaginées, pour soumettre à une police des peuples barbares; la vérité peut et doit se dire tout entière à nos nations modernes; la souveraineté est dans le peuple même qu'il s'agit de gouverner.

Ces deux assertions, dont on a fait deux principes politiques, ne sont que les conséquences d'un principe plus élevé, d'une des conditions de la création de l'homme. Ces deux conséquences diffèrent, quoique tirées du même principe; l'une d'elles au moins a donc été mal déduite. Reprenons la déduction au point d'où elle a dû partir.

Dieu est en effet le principe de la souveraineté, comme de toutes les autres conséquences normales de la création. Le droit d'obliger et de punir la créature vient nécessairement du créateur; autrement ce ne serait pas un droit, c'est-à-dire un principe d'ordre et de société; ce serait un principe de désordre et de dispersion des hommes.

Toute souveraineté est venue de Dieu : voilà je crois tout

(1) Ce chapitre et le suivant m'ont paru nécessaires pour former un système complet de raisonnement; mais les impatiens peuvent les sauter; ils ne sont pas écrits pour eux.

ce qu'il y a de raisonnable dans le système du droit divin.

Mais Dieu, qui a créé l'homme pour vivre en société, a nécessairement voulu que l'espèce humaine fût gouvernée; et cependant il ne lui a pas donné un gouvernement d'instinct, comme aux fourmis et aux abeilles : il a voulu qu'elle fût gouvernée par une faculté indépendante de l'organisation physique, et presque du créateur.

Cette faculté, pour l'homme isolé, est la liberté, *la faculté de vouloir*, dont il a été doué; elle emporte nécessairement pour lui le droit ou la nécessité de se gouverner lui-même (1).

Pour les hommes en société, le droit, ou la nécessité de se gouverner, ne peut être que dans la liberté, dans *la faculté de vouloir* commune aux associés.

Il y aurait incohérence dans la création, si en donnant à l'homme-individu la pleine liberté, la souveraineté sur lui-même, Dieu avait refusé cette souveraineté aux hommes qui s'associent conformément à leur destination. Les parties de la société ne paraîtraient pas faites pour le tout qu'elles composent, et elles seraient plus grandes, plus nobles que ce tout, car elles auraient de plus la grande, la noble faculté de vouloir.

Et que deviendrait-elle, pendant l'association, cette faculté originelle de l'homme? Elle ne serait pas anéantie par le fait de l'association, puisque l'individu qui s'isole la retrouve tout entière. Elle n'aurait pas été réservée aux individus pendant l'association, car la société serait impossible

(1) L'animal dirigé par l'instinct n'a pas la faculté de vouloir. Toutes ses actions sont déterminées par des causes physiques, qui sont pour lui autant de lois. On ne saurait le concevoir capable d'une volonté, d'une résolution contraire à ces lois; il n'est jamais libre.

Pour l'homme, presque toutes les actions sont facultatives. Ses appétits et ses répugnances ne sont pas des lois, puisqu'il a une faculté capable de les combattre et de les vaincre.

Dès qu'il existe pour l'homme des actions facultatives, il lui faut une volonté pour s'y porter ou s'en éloigner. Cette volonté est l'action de son gouvernement: la faculté de vouloir, ou la liberté en est le principe.

si chaque associé conservait la faculté de se gouverner lui-même.

Si donc le principe du gouvernement de l'homme n'est ni anéanti ni réservé aux individus dans l'état d'association, il faut qu'il se trouve dans la société et qu'il en forme la souveraineté commune.

La souveraineté individuelle de l'homme se trouve tellement dans la société, pour la partie qui est nécessaire au gouvernement commun, qu'elle en forme le principal objet et qu'elle est toute la mise sociale : c'est la volonté déposée par les associés qui fait la volonté du pouvoir, c'est-à-dire la loi ; et c'est par la loi seule que la société subsiste.

Voilà, si je ne me trompe, la souveraineté du peuple logiquement déduite du principe divin d'où doit découler un droit quelconque. Dans cette manière de raisonner, tout est simple ou concordant ; mais la subtilité ne souffre pas autant de lumière : elle est venue tout confondre, en nommant droit de souveraineté ce qui n'en était que l'origine, et en parlant toujours de cette origine sans reconnaître que le droit avait été attribué à l'homme comme condition de son existence morale. Une dialectique astucieuse a bien peu de peine à jeter la confusion sur ces idées abstraites. Ecoutons-la un instant, nous la prendrons en délit flagrant.

«Toute souveraineté vient de Dieu, dit-elle ; les prêtres » sont les organes et les ministres de Dieu sur la terre, donc » toute transmission de souveraineté doit être faite par le » ministère des prêtres.»

Ce syllogisme, sur lequel se sont fondées tant de hautes prétentions de la part des papes, a tiré toute sa puissance d'un simple monosyllabe légèrement altéré. Au lieu de : «toute souveraineté *vient* de Dieu,» écrivez : «toute souve» raineté *est venue* de Dieu.» Le raisonnement tombe, il demeure aussi mauvais que celui-ci : «la liberté et la raison » sont des dons de la divinité ; donc les hommes ne peuvent » les recevoir que par le ministère des prêtres.»

L'église gallicane n'a pas mieux raisonné, lorsqu'elle a mis un roi à la place d'un pontife, et qu'elle l'a supposé en communication immédiate avec le ciel, pour en recevoir les pouvoirs de la souveraineté, et pour délivrer ou refuser aux hommes des chartes d'émancipation.

Le vice des raisonnemens, dans les deux écoles du droit divin, se trouve dans la supposition que la liberté et la souveraineté ne sont pas des attributs originels de toute l'espèce humaine, mais des bienfaits conditionnels que Dieu accorde ou refuse comme la grâce; cette supposition n'est plus soutenable chez les nations éclairées.

L'homme naît libre, et parce qu'il naît libre, les nations naissent souveraines. Liberté et souveraineté sont inséparables et presque identiques. Ce qui le prouve, c'est qu'un souverain ne délègue pas une partie de ses pouvoirs sans renoncer à l'usage d'une partie de sa liberté : il devient, tant que dure la délégation, dépendant de l'autorité qu'il a instituée (1).

(1) « Le peuple, dans la démocratie, est à certains égards le monarque; à certains autres il est le sujet. » (*Esprit des Lois*, livre II, chap. II.)

Je dois prévenir une argumentation que la logique des mots ne manquerait pas de faire sur cette partie de mon texte. « Si liberté et souveraineté sont inséparables, dirait-elle, le peuple, qui n'exerce aucune partie de la souveraineté, est esclave sous un gouvernement constitutionnel, comme sous un autocrate. » Je ne crois pas qu'on puisse faire cette objection après la lecture entière de cet ouvrage; il est particulièrement destiné à prouver:

1° Que la souveraineté est inaliénable;

2° Que posséder et exercer la souveraineté sont deux choses tout-à-fait différentes, puisque la souveraineté ne peut être possédée qu'indivisible, et qu'elle ne peut être exercée avec quelque continuité sans être divisée;

3° Que le possesseur de la souveraineté inaliénable impose ou adopte les conditions auxquelles chaque fonction de sa souveraineté sera exercée; qu'ainsi il ne peut être l'esclave de ceux qui l'exercent pour lui, s'il conserve, avec la connaissance de son droit, une force suffisante pour le revendiquer.

CHAPITRE III.

Suite.

Ceux qui ne veulent pas opposer des raisonnemens à des raisonnemens disent, contre le dogme de la souveraineté du peuple, que s'il était un principe de droit naturel, il serait reconnu partout et dans tous les temps; qu'une conception toute moderne ne peut être regardée comme une condition de la création des hommes.

Le fait sur lequel repose cette objection n'est pas exact. L'existence d'un grand nombre de républiques anciennes et modernes atteste que la souveraineté du peuple n'a pas été généralement méconnue jusqu'à nos jours. Aux beaux temps de la Grèce et de Rome elle était tellement dans le droit commun et dans les idées générales, que le pouvoir d'un seul, qu'on appelait tyrannie, y paraissait une chose monstrueuse. Mais la souveraineté du peuple n'aurait pas perdu son droit quand il aurait été méconnu jusqu'à présent. Partout il y a eu des esclaves; il y en a encore chez les nations les plus éclairées; et cependant il n'est plus possible de soutenir que la liberté n'est pas un attribut naturel de l'homme, une condition de sa création.

Une passion, qui n'est que l'excès du sentiment de liberté lui-même, la passion de dominer, aidée de l'inégalité des forces et des intelligences, a toujours commencé par attaquer le fait de la liberté et de la souveraineté commune. Après y avoir substitué le fait de la sujétion, elle a travaillé à convertir celui-ci en droit, et elle a réussi à fausser les idées des peuples jusqu'à établir et généraliser l'opinion qu'un homme pouvait être la propriété d'un autre, et même qu'une multitude d'hommes pouvaient appartenir à un seul, dans leur personne et dans leurs biens. Cette opinion forme encore le droit public chez plusieurs nations; elle n'est autre que le droit de conquête, que nous admettons encore à certains égards. D'après ce droit de conquête, le vaincu demeurait l'esclave du vainqueur. C'est par un progrès de civilisation que la propriété sur l'esclave et ses biens a été réduite à la souveraineté, telle qu'on la concevait encore sous Louis XIV.

Le droit que le chef d'une armée victorieuse s'arroge sur un peuple vaincu s'étend à la longue sur le peuple vainqueur; parce que plusieurs peuples placés sous la même domination finissent toujours par s'assimiler, et que le chef commun travaille sans cesse à assimiler le plus fier au plus soumis. C'est ainsi que les Macédoniens, les Romains et les Turcs descendirent au rang des nations qu'ils avaient subjuguées, et apprirent à supporter le despotisme dont ils avaient été les instrumens.

Mais la violence n'a pas toujours été nécessaire pour amener les peuples à abdiquer leurs droits; la superstition en a asservi plus que la force. Dans tous les temps et dans tous les pays, d'habiles ambitieux ont fait descendre du ciel leurs lois et le titre de leur domination. Aujourd'hui même, si les rois ne se présentent plus comme les organes de la nymphe Égérie ou de l'ange Gabriel, ils prennent presque tous le titre d'élus du seigneur, de souverains par la grâce de Dieu. Les formalités d'une consécration sacerdotale ne sont pas une faible sanction pour leur pouvoir.

La superstition religieuse commence cependant à manquer au droit divin; on travaille à lui en substituer une autre qui a pour objet de dévouer à perpétuité les générations successives à la volonté et aux lois d'une génération éteinte. La fixité dans les établissemens politiques est une bonne chose, mais toute superstition est mauvaise. La superstition nouvelle sera examinée, après l'exposé de quelques autres principes sur la souveraineté.

CHAPITRE IV.

La souveraineté est indivisible.

Une chose est indivisible quand il est impossible de la décomposer sans la dénaturer, et quand toutes les parties qu'on peut en faire ne sont pas semblables au tout et semblables entre elles ; alors il ne peut y avoir que dissolution de la chose. Après la division, cette chose n'existe plus, elle ne peut plus être reproduite, et elle n'a produit aucune chose semblable.

La souveraineté, qui est l'ensemble de tous les pouvoirs, ne peut être divisée entre plusieurs possesseurs distincts, sans être détruite, sans cesser d'être *l'ensemble de tous les pouvoirs.*

Quand on la concevrait comme pouvant être reproduite après la division, les parts qu'on en ferait ne seraient pas semblables entre elles, ni semblables au tout.

Si on la divisait par pouvoirs, chaque part comprendrait un pouvoir différent; elles seraient toutes dissemblables.

Si on scindait tous les pouvoirs, aucune part n'aurait, comme le tout, l'ensemble de tous les pouvoirs, chacune serait réduite à un ensemble de pouvoirs fractionnés et restreints. Dès qu'il y aurait plusieurs souverains, chacun d'eux serait sans pouvoir sur les autres et sur leurs subordonnés. S'il y avait autant de souverains que de citoyens, personne n'aurait de pouvoir sur personne.

Je dois faire remarquer qu'en disant que la souveraineté ne peut appartenir à plusieurs possesseurs distincts, j'ai entendu parler de plusieurs hommes ou collections d'hommes capables de volontés et de résolutions simultanément diverses.

La diversité des volontés individuelles dans une collection d'hommes n'empêche pas que la collection soit regardée comme un seul être, ayant une volonté unique. Dans l'assemblée la plus nombreuse, les volontés divergentes peuvent et doivent être amenées à l'unité de résolution.

CHAPITRE V.

La souveraineté est inaliénable et imprescriptible.

L'homme naît libre, avec le droit ou la nécessité de se gouverner lui-même. Il ne pourrait se dessaisir ni priver ses descendans de cet attribut, sans changer une des conditions de la création ; or pareil changement est impossible à la créature.

Mais s'il est dans les conditions naturelles de l'homme d'être libre et de se gouverner, il entre aussi dans les mêmes conditions qu'il vive en société, qu'il combine sa liberté, sa souveraineté individuelle avec d'autres libertés, d'autres souverainetés du même genre.

De cette combinaison il résulte, pendant l'association, des libertés individuelles modifiées, qui ne peuvent plus être des souverainetés individuelles, mais qui forment une souveraineté commune (1).

Cette souveraineté, formée de souverainetés inaliénables, est nécessairement inaliénable, comme ses élémens (2).

Parceque la souveraineté est inaliénable, elle est imprescriptible : la prescription, qui n'est qu'une fiction du droit positif, n'a été admise, pour supposer la transmission d'un

(1) Cette souveraineté commune, outre le droit de souveraineté que chaque homme avait sur lui-même, contient encore le droit de défense qu'il avait à l'égard des autres : ces deux droits s'unissent pour former le pouvoir que la société peut exercer sur chacun de ses membres.

(2) Si une association d'hommes, une nation, pouvait aliéner la souveraineté commune, elle pourrait, par cela même, aliéner les libertés et souverainetés individuelles, c'est-à-dire qu'elle pourrait changer les conditions de la création.

De ce qu'un souverain abandonne certaines parties d'un territoire, avec les populations qui l'habitent, il ne faut pas conclure qu'il aliène la souveraineté à l'égard de ces populations. Il est nécessaire de bien distinguer la souveraineté sur les personnes et le droit de propriété sur un territoire. Nous examinerons ce droit.

droit, que relativement aux droits susceptibles de transmission.

Enfin, la souveraineté, qui ne peut être déplacée par aliénation ni prescription, ne saurait l'être non plus par le fait de la conquête. Le plus fort peut tuer le plus faible ou le mettre à la chaîne, mais il ne lui est pas donné de changer les lois de la création. Ainsi qu'un homme enchaîné conserve son droit de liberté, une nation opprimée de fait reste souveraine de droit. Sa souveraineté demeure paralysée à défaut de la puissance qui doit en être l'organe; mais elle n'est ni éteinte ni transportée à l'oppresseur. La nation qui avait vaincu à Salamine demeura souveraine sous le joug musulman, comme Régulus resta l'homme libre dans les fers de Carthage.

CHAPITRE VI.

De la souveraineté en action.

L'action de la souveraineté consiste à disposer, statuer, ordonner; le propre de sa puissance est d'être obéie.

Il s'ensuit que le souverain ne peut agir sur lui-même; il ne peut ni se commander ni s'obéir. Si on lui supposait le pouvoir de s'imposer une loi ou de se donner un ordre, il faudrait lui reconnaître le pouvoir de faire une loi ou un ordre contraire; il y aurait loi et ordre sans obéissance de droit ni de fait; la puissance et la résistance auraient même principe et même degré d'intensité : il y aurait inaction.

Mais on peut concevoir que le souverain forme une unité sous certains rapports, et qu'il se divise en plusieurs unités, sous certains autres. Telle est une nation : elle forme une grande unité collective, qui se divise en corporations, en familles et en individus, faisant autant d'unités.

On comprend que l'unité totale pourra posséder la souveraineté sur les unités partielles non réunies; ces unités partielles seront *sujettes* de la grande unité (1).

Chaque volonté, chaque acte de la puissance qui réunit tous les pouvoirs est une loi, et la plus forte des lois. Si

(1) L'homme individuel et isolé, qui a été présenté comme possédant le type de la souveraineté, agit sur lui-même quand il se gouverne seul. Cependant cela ne détruit pas notre système. A travers le mystère dans lequel est enveloppé l'être humain, il faut nécessairement le voir composé de deux êtres distincts : l'un qui prescrit des lois et impose des résolutions contre les appétits dangereux et les passions funestes, l'autre qui doit obéir à ces lois et à ces résolutions à peine de destruction. Pour parler logiquement, il ne faudrait pas dire que l'homme se gouverne lui-même (rigoureusement cette locution présente une impossibilité), il faut dire que l'homme moral gouverne l'homme physique.

Si on niait la subordination ordinaire de l'homme physique à l'homme moral, il faudrait admettre la conservation et le gouvernement de l'homme par la loi invariable de l'instinct; il faudrait assimiler complètement l'homme à la bête.

donc la puissance souveraine manifestait continuellement sa volonté et fesait continuellement des actes, elle ferait tous les jours et à chaque instant des lois, qui nécessairement se contrariraient et se détruiraient les unes les autres, parce que la volonté humaine est transitoire. La loi, et même la constitution d'un jour, ne serait plus celle du lendemain; il n'y aurait jamais d'obligation connue ni de droits acquis; il y aurait anarchie complète ou despotisme intolérable; « tout serait perdu, suivant l'expression de Montes- » quieu, puisque le même homme ou le même corps exer- » cerait les trois grands pouvoirs de faire les lois, d'exécu- » ter les résolutions publiques, et de juger les crimes et les » différends des particuliers (1) ».

Heureusement cette action continue de la souveraineté est impossible.

Pour qu'un peuple exerçât continuellement sa puissance suprême, il faudrait qu'il se tînt toujours assemblé. Une simple peuplade ne le pourrait pas; une grande nation le peut encore moins. Et d'ailleurs un peuple réuni ne pourrait diriger des négociations, conduire une administration, juger les procès entre particuliers; il serait même incapable de faire une loi, pour peu qu'elle fût étendue et compliquée.

Il y a donc nécessité morale et matérielle qu'une nation délègue l'exercice ordinaire de sa souveraineté; c'est la seule manière dont elle puisse en faire usage.

Il y aurait même nécessité de la délégation quand on attribuerait la souveraineté à un monarque: entre ses mains l'action ordinaire de cette souveraineté n'en donnerait pas moins l'anarchie ou le despotisme; mille obstacles matériels rendraient également cette action impossible.

(1) *Esprit des lois*, liv. XI, chap. VI.

CHAPITRE VII.

Suite.

Il serait donc démontré, par ce que je viens de dire, 1° que la souveraineté est indivisible, 2° qu'elle ne peut être ordinairement exercée sans être divisée par délégation. Ces deux propositions semblent se contredire, ou réduire la souveraineté à une simple idée métaphysique. Quelques autres développemens sont nécessaires pour qu'on me comprenne.

La puissance qui a créé le monde et lui a donné des lois par lesquelles il est conservé dans un ordre général, la puissance divine paraît s'être interdit la direction ordinaire de ce monde organisé (1).

Ne peut-on concevoir quelques rapports entre la toute-puissance qui a organisé le monde et la souveraineté qui a constitué un état politique?

L'institution humaine est sans doute moins parfaite que la création divine; mais chacune d'elles est une œuvre qui possède la vie et le mouvement, qui existe et marche d'elle-même, selon des lois propres à la conserver. Les êtres soumis à ces lois pourront quelquefois s'y soustraire et même les altérer; l'intervention de la puissance suprême pourra devenir nécessaire, pour réorganiser ou soumettre à une création nouvelle ce qui ne peut plus exister dans l'ordre: alors cette intervention se manifestera, de la part de la souveraineté divine, par un cataclisme, par l'absorp-

(1) La souveraineté divine serait en contradiction avec elle même si elle prenait part au mouvement ordinaire de l'univers. Dans le monde physique, elle aurait créé des êtres, des espèces et des individus, avec la faculté d'exister et de se perpétuer, et cependant elle continuerait d'agir, comme si elle ne leur avait pas donné cette faculté.

Dans le monde moral, l'action du souverain maître détruirait la liberté de l'homme: en rendant impossibles l'erreur et le crime, elle anéantirait la sagesse et la vertu.

tion d'une planète; par un déluge, et de la part de la souveraineté humaine, par ce que nous appelons une *révolution*.

On pense bien que je n'ai voulu établir qu'un faible rapprochement entre deux puissances que sépare l'abime de l'infini. Je serai entendu, si j'ai donné, dans l'ordre des choses humaines, l'idée d'une puissance créatrice, qui forme et organise, mais ne gouverne pas; qui par cela même qu'elle a formé et organisé des êtres viables, s'abstient de leur souffler continuellement la vie; qui enfin, avec sa force immense de création et de destruction, ne pourrait intervenir dans le mouvement régulier qu'elle a une fois imprimé, sans le bouleverser, sans rompre l'équilibre des forces qu'elle a distribuées à ses divers agens.

Telle est en effet la souveraineté, quelque part qu'on la place. Elle fait d'abord une création d'autorités, à chacune desquelles elle assigne une fonction et communique un pouvoir; et quand elle a organisé un gouvernement, elle se retire à l'écart, pour le laisser fonctionner, jusqu'à ce que de grands désordres rappellent son intervention.

Constituer un gouvernement, et faire une révolution pour le reconstituer, voilà donc les seuls actes qui puissent caractériser l'action du souverain. Nous chercherons plus tard s'il n'existe pas des moyens de prévenir cette action désastreuse, et si ces moyens ne sont pas d'abord dans un juste hommage rendu à la souveraineté commune.

CHAPITRE VIII.

Quelques définitions.

Avant d'aller plus loin, il est nécessaire de fixer le sens de certains mots qui doivent représenter les choses principales dans notre sujet.

Je continuerai d'appeler *souveraineté* l'ensemble des pouvoirs politiques et civils.

Sous le nom de *souverain*, je désignerai ordinairement la généralité du peuple, cette unité nationale qui *possède* toujours la souveraineté sans l'*exercer* ordinairement.

Je nommerai *fonction* chaque pouvoir délégué et mis en action.

Chaque dépositaire ou agent d'un pouvoir aura le titre d'*autorité*, en observant que, lorsque l'agent est un corps collectif, le nom d'autorité désigne le corps entier et non chacun de ses membres.

L'ensemble des autorités, quelle que soit la nature de leurs fonctions, sera le *gouvernement*.

CHAPITRE IX.

Le souverain doit déléguer tous ses pouvoirs.

Tout le monde, je crois, reconnaît aujourd'hui que le souverain ne peut exercer lui-même la plupart de ses pouvoirs; mais on conserve généralement l'idée qu'en déléguant certains pouvoirs, il peut s'en réserver certains autres, et particulièrement celui d'élections.

Je déclare franchement que si cette opinion est juste tout mon système sur la souveraineté est faux; mais je crois que mon système sera pleinement confirmé si je prouve que cette opinion est fausse. J'indique donc moi-même le point par lequel il faut m'attaquer; si j'ai trouvé la vérité, elle résistera; si je n'ai saisi qu'une erreur, je ne prétends pas la défendre.

On ne contestera pas sans doute les trois propositions suivantes, qui n'en font réellement qu'une, mais que je divise pour être le moins obscur possible :

1° Dans un état constitué, par une charte, par la coutume, ou si on veut par le hasard, les fonctions doivent être distribuées et coordonnées, de manière à éviter tout empiétement grave des unes sur les autres : il n'y a pas d'autre garantie d'ordre;

2° Pour que cette distribution se maintienne, il faut que chaque autorité ne possède que la puissance nécessaire à sa fonction;

3° On ne peut circonscrire un pouvoir dans certaines limites qu'en lui opposant un autre pouvoir assez fort pour lui résister (1).

Ces points admis, il faut reconnaître que le souverain ne peut exercer aucune fonction dans un état constitué, parce que, possédant toujours tous les pouvoirs, il ne peut être

(1) « Pour qu'on ne puisse abuser du pouvoir, il faut que, par la » disposition des choses, le pouvoir arrête le pouvoir. » (*Esprit des Lois*, liv. XI, chap. IV.)

circonscrit dans un pouvoir déterminé; parce que, disposant de toutes les forces, il ne pourrait rencontrer aucune force opposée qui lui fît équilibre (1).

Développons ce raisonnement, en l'appliquant aux fonctions électorales qu'on prétend réserver au souverain.

On comprend qu'un corps d'électeurs, quelque extension qu'on lui donne, doit être renfermé dans certaines limites d'attributions, et même assujéti à quelques formes. Il ne faut pas qu'appelé à nommer un conseiller municipal, il puisse nommer un membre du corps législatif; que, réuni pour élire un député, il puisse proclamer un roi ou un président de la république; il ne faut pas même qu'astreint aux formes d'un scrutin, il vote par acclamations, ni qu'institué pour s'assembler par arrondissemens, il lui soit permis de s'agglomérer par département ou de se diviser par cantons.

(1) Ceux qui supposent que le souverain peut agir et agit réellement dans la personne d'un monarque, ont observé que, par la nature même des choses, il s'élève autour de lui des résistances ou influences secondaires, dont il ne peut se débarrasser, et qui rendent le despotisme impossible.

L'observation est bien faite; mais on a eu tort d'en conclure que le monarque est le vrai souverain, et que le souverain peut exercer une partie de la souveraineté; il fallait, au contraire, en tirer les conséquences suivantes:

1° La souveraineté ne peut être long-temps exercée sans être divisée, sans qu'un pouvoir vienne faire résistance à un autre pouvoir;

2° L'autorité qui n'exerce qu'un pouvoir limité, ou balancé par un autre pouvoir, n'est pas le souverain;

3° Par cela même qu'un monarque ne peut pas exercer un pouvoir sans limites, c'est-à-dire qu'il n'est pas le souverain, il ne peut être qu'un délégué du souverain.

Un moyen infaillible de reconnaître si un acte est le fait du souverain, c'est d'examiner si cet acte a été fait par le concours de plusieurs pouvoirs ou influences, s'il a été soumis à des formalités, à une loi, à une règle. Dans aucun de ces cas, il ne peut être acte de la souveraineté.

Dès qu'un souverain se soumettrait à un concours de pouvoirs, à des influences, à des lois, à des règles, il cesserait d'être souverain, et ne serait plus qu'un fonctionnaire; mais cette métamorphose est impossible : la souveraineté est inaliénable.

Si une seule de ces exorbitances lui était possible, il n'y aurait pas de constitution; or, elles seraient toutes possibles et même toutes légitimes, si un corps électoral était le souverain. Que pourrait-on opposer à ses actes arbitraires et au désordre de ses actions? — La force? il la possède tout entière. — La loi existante? son action même serait une loi contraire. L'inévitable anarchie ramènerait nécessairement à cette proposition, qu'envain on aurait voulu nier: le souverain ne peut exercer aucune fonction dans un état constitué.

Au reste, on ne comprend pas ce que c'est que l'acte d'un peuple souverain, quand on veut donner ce caractère aux nominations séparées d'une multitude de fonctionnaires. Revenons aux principes.

La souveraineté est indivisible.

Une seule unité, la grande unité nationale, peut posséder le titre et les pouvoirs de souverain. Toutes les autres sont sujettes.

Dans cette unité, des millions de volontés peuvent se croiser, mais toutes doivent se résumer en une volonté unique et simple, ou il n'y a pas acte du souverain.

D'après ces principes, qu'une nation levée en masse se donne un chef, cette élection sera véritablement un acte de souveraineté, car toutes les volontés auront été en présence, et toutes se seront résumées en une seule, manifestée par une seule expression, l'élection du chef.

Mais concevra-t-on que cette volonté nationale, unique et souveraine, puisse jamais sortir d'une réunion partielle et locale? On assemblerait la population en masse d'un de nos arrondissemens, qu'aucune de ces populations ne serait le peuple français, mais une fraction, plus ou moins petite, de ce peuple, une unité partielle, sujette de la grande unité, et obligée d'obéir à la loi, comme l'unité individuelle (1).

(1) Il faut poursuivre partout l'abus des mots, c'est lui qui rend difficiles les questions les plus simples.

Dans l'usage on qualifie *souveraine* la décision judiciaire ou administrative qui n'est pas sujette à l'appel. Cette qualification est impropre ou purement relative. Une autorité ne saurait être souveraine quand elle est soumise à des lois et à des formes. On la dit souveraine en ce sens seulement que ses décisions sont définitives, si elles sont régulières et selon la loi, c'est-à-dire que, quant au fond, aucune autorité n'est appelée à décider après elles.

Cette observation s'applique aux corps électoraux : leurs opérations ne sont pas assujéties à la confirmation, et elles ne peuvent être infirmées que pour inobservation des formes et conditions prescrites par la loi. Elles sont *souveraines*, comme un arrêt, et sauf la cassation.

CHAPITRE X.

Suite.

En reconnaissant qu'aucune assemblée électorale n'est séparément souveraine, et que son vote isolé ne peut pas être la volonté du souverain, on se persuade que l'acte de la souveraineté du peuple se trouverait dans les votes réunis de toutes les assemblées électorales, si tout citoyen était appelé à donner sa voix. C'est encore une illusion qu'il faut détruire.

La souveraineté est indivisible, c'est-à-dire que la volonté souveraine est indivisible : *la volonté du souverain est le souverain lui-même* (1).

Pour qu'un acte de la volonté du souverain soit indivisible, il faut qu'il soit unique et simple, et il ne peut être unique et simple, s'il n'émane pas d'une seule unité.

Plusieurs unités qui voudraient séparément, voudraient probablement des choses différentes ; mais quand il arriverait une fois, mille fois, qu'elles fussent unanimes, le principe de leur unanimité n'en serait pas moins multiple, puisqu'il pourrait produire des volontés diverses. Leur unanimité accidentelle serait l'accord de plusieurs volontés, mais elle n'aurait ni le principe ni le caractère d'une volonté simple.

Ce raisonnement a une grande force, particulièrement quand on l'applique aux assemblées électorales et au genre de vote qu'elles émettent. Ce vote s'exprime par un choix d'hommes, et le vote de chaque assemblée doit avoir son expression particulière. Comment trouver ici l'apparence d'une volonté simple, même la possibilité d'une décision unanime ? 400 assemblées appelées à élire autant de députés votent évidemment sur 400 questions diverses, et émettent 400 solutions ou volontés, différentes par leur objet et leur expression. On ne saurait les fondre en une volonté unique, comme doit l'être celle du souverain : ce sont des fractions qui ne

(1) *Esprit des Lois*, liv. II, chap. IV.

peuvent être additionnées, parce qu'elles ne peuvent être réduites à un seul dénominateur.

On dit que l'élection de 400 députés n'est que la forme sous laquelle 400 assemblées votent sur une grande question politique, qui est la même pour toutes ces assemblées.

Ce point de vue sous lequel on peut en effet observer tant de volontés distinctes, peut bien faire remarquer des rapports entre elles; mais des rapports entre choses distinctes ne sont pas l'identité; au contraire, ils l'excluent : deux choses ne se ressemblent que parce qu'elles sont deux choses.

Mais admettons que la question politique qu'on suppose cachée sous chaque question d'homme, quoiqu'elle ne soit jamais posée au scrutin, se soit présentée d'elle-même à tous les votans, et partout simple, précise, exactement dans les mêmes termes, comme il le faut pour qu'il y ait délibération commune; admettons encore que le nom de chaque député élu soit une expression politique bien déterminée pour répondre à cette question; la diversité toujours existante dans 400 élections prouverait assez qu'il n'y a pas eu solution simple et volonté générale exprimée. Quand MM. de Lafayette, de Labourdonnaye et Royer-Collard sortaient de la même élection, qui aurait osé dire que ces trois nominations exprimaient une solution simple, une volonté unique, comme doit l'être celle du souverain?

On dit encore que les 400 volontés diverses sont destinées à se combiner par la délibération, et à se résumer dans une volonté simple, qui devra être réputée la volonté générale. Cet argument repose sur une autre grande méprise, sur la fausse supposition que la volonté du souverain peut se manifester par représentation.

Nous arrivons à l'examen de cette erreur; mais avant de l'aborder, reconnaissons que l'acte du souverain ne peut se trouver ni dans aucune élection locale, ni dans l'ensemble des élections de ce genre.

CHAPITRE XI.

De ce qu'on appelle la représentation nationale, et du mandat politique.

La volonté du souverain est le souverain lui-même.

Or « la volonté ne se représente pas : elle est elle-même, » ou elle est tout autre ; il n'y a pas de milieu.

» Les députés d'un peuple ne sont donc ni ne peuvent être » ses représentans. (1) »

Voilà un raisonnement lancé des hautes régions du génie, dans le langage concentré qui lui est propre. J'essaye de le développer, aux risques de l'affaiblir.

Pour représenter le souverain dans une délibération, il faudrait avoir exactement ses vues et sa volonté, et il faudrait fidèlement les reproduire ; autrement la décision serait une volonté autre que celle du souverain.

Un mandataire, individuel ou collectif, peut-il, sur plusieurs affaires et même sur une seule, émettre exactement les vues et la volonté du souverain ?

Evidemment non. Les instructions seraient toujours insuffisantes, ou mal comprises, ou éludées, ou excédées.

Ce n'est pas tout, il y a absurdité dans cet agencement de mots qui supposerait que le souverain, en donnant ses instructions et ses pouvoirs, commence par manifester sa volonté, pour qu'ensuite ses représentans en délibèrent. Cette volonté manifestée serait la loi déjà faite ; quand la mission des représentans commencerait, elle serait inutile.

Le système de la représentation du souverain, sur lequel on en construit tant d'autres, est donc sans base devant la raison, et surtout devant le principe de la souveraineté du peuple (2).

(1) *Contrat social*, liv. III, chap. XV.

(2) Les souverains, ou leur gouvernement, envoyent à un congrès des plénipotentiaires qui se disent leurs représentans, et qui les représentent en effet à certains égards ; mais ces envoyés, même avec ce que nous appelons des pleins-pouvoirs, ne font que préparer des actes,

Cependant tout souverain a des mandataires médiats ou immédiats, agissant en son nom et exerçant ses pouvoirs; mais par cela même qu'ils sont ses mandataires, ils ne sont pas ses représentans. Comme mandataires, ils sont chargés de *vouloir* pour le souverain, d'agir par leur volonté propre. Comme représentans, ils ne pourraient avoir que la volonté du souverain, si elle pouvait se transmettre : ils ne seraient que des organes et de simples instrumens.

Pour saisir toute l'importance de cette distinction, il faut revenir sur nos pas.

auxquels leurs gouvernemens respectifs donnent ou refusent leur ratification. Cette ratification est la volonté souveraine, donc cette volonté n'était pas représentée, et les représentans n'étaient que des commissaires.

CHAPITRE XII.

Suite.

Nous avons vu que le souverain ne peut agir, dans un état constitué, sans y porter le trouble, sans y rompre tout équilibre des forces distribuées; que non seulement il ne peut y agir avec l'ensemble de ses pouvoirs, mais que même il ne peut y en exercer aucun.

Il suit de là que le souverain ne peut agir par un délégué qui aurait sa volonté et ses pouvoirs, qui serait véritablement sa représentation : le représentant du souverain ferait tout le mal que lui-même pourrait faire.

Ce cas ne peut se rencontrer, parce que la représentation du souverain est impossible; mais il se présente des cas analogues qu'on appelle temps de dictature, où le souverain abandonne à un homme ou à un corps, non sa volonté qui est intransmissible, mais la plénitude de ses pouvoirs. Cette représentation imparfaite du souverain suffit pour détruire ou suspendre toute l'organisation politique, et quoique le dictateur se hâte de s'approprier cette organisation, ou d'y en substituer une autre, son règne ne peut être durable : la seule présence de cette main armée de pleins pouvoirs et de révolutions rend impossible toute marche régulière et toute prolongation de ce régime anormal. La force naturelle des choses pousse toujours à la régularisation ou à la dissolution de la société (1).

C'est certainement cette force des choses, et non la science tardive des publicistes, qui a créé la division des pouvoirs et leur délégation à des autorités commises pour les exercer séparément. Quoi qu'il en soit, il faut reconnaître que, loin de produire une représentation de la souveraineté,

(1) Cette force naturelle des choses qui se fait sentir partout, mais qui est aussi difficile à définir que le mouvement, est dans la masse des intérêts particuliers ; ils veulent une société réglée, ou point de société.

le mandat politique a, au contraire, pour objet d'écarter du mouvement régulier tout ce qui ressemblerait à la puissance souveraine, de diviser ses attributs, de paraliser son action et sa volonté, en y substituant l'action et la volonté d'un grand nombre de mandataires.

La division et la délégation des attributs souverains sont si essentielles à l'ordre et à la liberté, qu'il a fallu recourir aux subdivisions et aux subdélégations pour que des mandataires immédiats du souverain ne pussent agir comme ce souverain lui-même, ou ses représentans. C'est ainsi que, dans un état politique perfectionné, un roi ne rend pas la justice, mais sous-délègue des juges.

Au reste, le droit d'agir par sa volonté propre appartient au sous-délégué comme au mandataire immédiat. Un magistrat doit juger avec indépendance les causes du prince qui l'a nommé, un député ne doit aucun compte de ses votes aux électeurs qui l'ont élu, et un électeur est toujours libre de donner sa voix selon sa conscience et ses lumières.

Si je me suis fait comprendre, on doit reconnaître qu'il y a une erreur grave dans le sens qu'on donne communément à ces mots, *gouvernement représentatif*, *représentans de la nation*, *d'un département*, *d'une commune*. Dans un sens exactement logique, il ne peut y avoir ni gouvernement représentatif ni administration représentative. Ces locutions ne sont que des relatifs, propres à distinguer le régime fondé sur un système d'élections plus ou moins populaires, du régime qui laisse à un monarque le choix des mandataires médiats.

CHAPITRE XIII.

De l'altération de certains mandats politiques.

Si aucun fonctionnaire ou mandataire du souverain ne représente la volonté de ce souverain, si, au contraire, chacun d'eux exerce ses fonctions suivant une volonté et des lumières qui lui sont propres, il faut que chaque fonction soit circonscrite par la loi, et que chaque mandataire demeure strictement renfermé dans les limites et conditions de son mandat. La souveraineté serait usurpée et tout ordre impossible, si au droit d'exercer librement son mandat le mandataire joignait encore le droit d'en reculer les limites et d'en retrancher les conditions.

La royauté et l'électorat sont des fonctions analogues à toutes les autres fonctions publiques; comme les autres, elles doivent être rigoureusement soumises à la loi qui détermine leur étendue et qui leur prescrit des formes. Mais les deux mandats qui les constituent sont souvent altérés par ceux qui les exercent, et cela, d'après des causes faciles à observer.

La royauté est ordinairement héréditaire. Les descendans d'un roi élu ont bientôt oublié l'origine de leur pouvoir, ou ils se sont bientôt persuadés que le laps du temps en a changé la nature. Une langue politique mal faite commence l'usurpation, des formules tout-à-fait fausses l'achèvent. Le premier usurpateur dira: je suis le représentant de la nation souveraine; son successeur dira, d'une manière tout-à-fait absolue: Je suis le souverain, et l'état, c'est moi.

L'électorat se dénature par de fausses idées du même genre. S'il est concentré dans un petit nombre, les électeurs sont des puissances individuelles qui, comme les rois, ne tardent pas à nier la source de leur pouvoir; ils ne la cherchent bientôt plus dans la loi, mais dans leur fortune, dans leur rang ou dans leur mérite personnel. Que la possession héréditaire vienne à l'appui de pareilles prétentions, on aura des électeurs féodaux; ils ne se borneront plus à refuser le serment du fonctionnaire délégué, ils diront ne tenir leur droit que *de Dieu et de leur épée*.

Si le droit d'élection est conféré à un grand nombre, ces hommes réunis en foule se disent tout de suite : « Nous sommes le peuple souverain, c'est à nous de faire la loi, et non de la recevoir. »

Les deux hauts mandats dont nous parlons s'altèrent encore par une autre cause : ils renferment le pouvoir de nommer d'autres mandataires. Or, on se persuade aisément qu'on possède le pouvoir qu'on est chargé de transmettre. C'est une grande erreur, qui malheureusement est dans presque tous les esprits, même dans des lois mal faites : par exemple, on a écrit dans plusieurs chartes que toute justice émane du roi, parce le roi nomme les juges ! Il était assez logique d'ajouter que la loi émane du corps électoral, parce qu'il nomme des législateurs. C'est d'après ce mauvais principe que des électeurs ont prétendu au droit de donner aux élus des instructions et même des mandats impératifs. Il y avait là une usurpation de pouvoir égale à celle que commettrait la royauté si, en nommant un juge, elle lui imposait l'obligation de prononcer toujours dans le sens de l'accusation publique. Le pouvoir d'élire à une fonction n'est pas le pouvoir de l'exercer, et par cela même il ne peut donner le droit d'influencer son exercice.

Enfin, le corps électoral pourrait se dépraver, dans nos états modernes, par une cause particulière, par les traditions mal observées des républiques anciennes, où il semble que le peuple ait cumulé les attributs les plus incompatibles, ceux de souverain et d'agent, de mandant et de mandataire. Cette anomalie ne peut être qu'apparente, elle ne doit pas résister à un examen attentif.

CHAPITRE XIV.

Des fonctions exercées par le peuple dans plusieurs gouvernemens anciens.

Avant que la puissance romaine eût asservi et abruti l'Europe, le principe de la souveraineté du peuple était la base du droit politique dans toute cette partie du monde; elle était divisée en une multitude de petits états, ayant plus ou moins les formes républicaines.

Cependant chez les Romains et chez les Grecs, comme chez les barbares, on avait plutôt l'instinct qu'une idée exacte de la souveraineté du peuple; on manquait surtout de cette notion importante, que la souveraineté ne peut être régulièrement exercée par le souverain.

Mais la nature et la force des choses avaient fait ce qui n'avait pu être le résultat de la science politique, poussée jusqu'au dernier degré d'analyse. La masse, qu'on appelle partout le peuple, exerça pendant long-temps les plus hautes fonctions; elle fut *autorité* et même *autorité suprême*; mais elle ne fut pas en même temps le souverain. Le peuple n'usa de la souveraineté que dans des cas fort rares, et pour apporter des changemens graves au Code de ses lois, soit par lui-même, soit par un législateur auquel il conférait extraordinairement ce pouvoir.

Les anciens ne distinguaient pas comme nous des lois constitutionnelles et des lois secondaires; leur bon sens, plus profond sur ce point que toute notre subtilité, plaçait sur la même ligne et qualifiait *lois* tous réglemens généraux et destinés à la perpétuité.

Ils avaient pour la loi un respect religieux, qui en faisait une puissance surhumaine. Elle l'était en effet, d'après toutes leurs idées et tous leurs usages; puisque les oracles ou les aruspices étaient consultés sur les moindres changemens législatifs, et que le peuple était enchaîné à la loi par un serment scélé de malédictions.

Le serment avait chez les païens une force qu'il ne saurait avoir chez les chrétiens, où il se trouve des casuistes qui le soumettent à des distinctions, et une puissance qui en relève (1). Les dieux, le père des dieux lui-même, étaient liés par l'acte mystérieux du serment. On concevait, dans toute hiérarchie, une puissance supérieure garante de l'acte et toujours prête à tirer vengeance de sa violation. C'était dans cette puissance supérieure qu'on voyait le souverain. Tout ce qui avait juré était *sujet*, quant à l'objet du serment.

Ces idées étaient peu philosophiques sans doute, et même peu conformes à nos dogmes religieux; mais elles expliquent le fait singulier d'un peuple souverain ayant l'instinct de sa souveraineté, et se réduisant cependant à exercer des pouvoirs circonscrits dans leurs attributions, et subordonnés à certaines formes.

Ces observations suffiraient pour prouver que, chez les anciens, le peuple n'agissait pas en souverain quand il jugeait, administrait, ou élisait ses magistrats; mais ce fait ressortirait d'une manière bien plus frappante d'un examen particulier des lois et des usages fidèlement observés, pour les grandes assemblées, chez les Grecs et les Romains. On verrait ces assemblées du peuple soumises à des formes qu'elles pensaient ne pouvoir violer, exécutant des lois qu'elles savaient les obliger, se réunissant ou se dissolvant à la voix de magistrats dont elles reconnaissaient l'autorité. Toutes ces circonstances excluent l'idée que le souverain exerçât alors sa souveraineté, et même qu'il fût présent; puisqu'en présence du mandat il ne peut y avoir de mandataire (2).

(1) Nous avons des sermens avec distinctions et restrictions, des sermens nuls, des sermens qu'on ne saurait accomplir sans crime, et des sermens légitimes dans leur principe, dont une autorité compétente nous délie.

(2) « A l'instant où le peuple est légitimement assemblé en corps souverain, toute juridiction du gouvernement cesse, la puissance exécutive est suspendue, et la personne du dernier citoyen est aussi sacrée et inviolable que celle du premier magistrat, parce que où se trouve le représenté, il n'y a plus de représentant. La plupart des tumultes qui s'élevèrent à Rome dans les comices vinrent d'avoir ignoré ou négligé cette règle. » (*Contrat social*, liv. III, chap. XIV.)

Cette règle n'était peut-être pas ignorée à Rome, mais elle n'était

L'examen de ces faits ne peut entrer dans ce petit ouvrage, qui doit être tout en raisonnemens. L'objet de ce chapitre se borne à prévenir des objections prises dans des histoires trop légèrement étudiées, et à provoquer des recherches plus approfondies sur des traditions dont on veut tirer des principes.

pas applicable aux comices. On y faisait la loi, on y élisait, on y jugeait; ce n'était pas les assemblées du peuple souverain, mais d'un peuple fonctionnaire, auquel il fallait des lois et des magistrats. Cette règle avait été enseignée par la force des choses.

3.

CHAPITRE XV.

De l'intervention du peuple(1).

Il serait fou, l'homme qui dirait au volcan: «Apprends-moi de par quelle loi tu bouleverses la terre, en vertu de quel droit tu dévores de vieilles montagnes pour en créer de nouvelles.»

Il serait plus fou encore celui qui dirait au volcan: «Voici des lois d'après lesquelles tu devras désormais mettre de l'ordre dans tes irruptions et dans leurs effets.»

Eh bien, nous avons beaucoup de ces fous en politique. Les uns cherchent gravement si le peuple souverain a le droit de se soulever contre un Tarquin ou des décemvirs; les autres rêvent des lois pour organiser l'insurrection nationale (2).

Il n'y a guère qu'une chose raisonnable à dire sur ce sujet, presque tout en mystères: l'intervention du souverain est un grand fait, évident pour tous, lorsqu'il est accompli par la destruction d'un gouvernement, et légitimé par sa seule évidence. Il ne peut être question d'examiner si le souverain avait droit d'agir, mais de voir s'il a agi. Or, qui pourrait douter, quand l'insurrection a vaincu et consolidé ses trophées, quand un gouvernement renversé atteste l'action d'une puissance supérieure à ce gouvernement? Que le peuple l'ait détruit ou qu'il l'ait abandonné aux destructeurs, peu importe: ce n'était plus le gouvernement du souverain.

Je sais tout ce qu'on peut dire sur cette manière brève, sèche, impitoyable, de trancher tant de questions *palpitantes*, de présenter et caractériser le grand acte, l'acte à peu près unique du souverain. «Je ne signale la présence

(1) Je supplie le lecteur, et surtout le critique, de ne pas séparer ce chapitre de celui qui le suit; on pourrait en tirer beaucoup de fausses conséquences.

(2) On avait eu cette prétention en Pologne; nous l'eûmes aussi en 1791.

auguste de ce souverain que par des faits de violence ! j'apprécie la légitimité de ses faits par le résultat d'un combat sanglant, et je prends ainsi une force brutale pour arbitre suprême des plus hautes questions sociales. Tout le fond de ma doctrine est dans cette exclamation cruelle : *Væ victis!* Malheur aux vaincus ! »

Ceux qui me feront ces objections glorifieraient Dieu et les hommes après un horrible massacre qui fixerait la possession sur un terrein de quelques lieues carrées. Le duel judiciaire a pour eux de la raison et des effets obligatoires, entre peuples ou entre rois, sur des questions où la force et le nombre ne sauraient prouver le droit ; et ils ne veulent pas de cette épreuve sur une question toute de force et de nombre, sur la question de savoir de quel côté est le peuple avec sa masse et sa puissance, et de quel côté est une faction ou un pouvoir en révolte !

C'est toujours ainsi qu'est posée la véritable question, en cas d'insurrection ou de grand coup d'état ; soit que Rome chasse Tarquin, ou que l'Angleterre découronne les Stuart ; soit que César passe le Rubicon, ou que Napoléon disperse les débris d'une république (1). Ce n'est pas la faute de l'observateur qui s'attache aux réalités, de l'écrivain qui néglige les chimères, si pareille question ne peut être décidée que par la force matérielle, si un pouvoir en possession ou un parti armé n'a pas assez de candeur pour soumettre son existence à un jugement pacifique, si même, pour un jugement semblable, on ne saurait où trouver des juges.

Qu'on récuse l'histoire, qui dépose toujours en faveur de cette odieuse force matérielle, qu'on fasse de la théorie pour un avenir tout-à-fait perfectionné ; la base de la plus heureuse combinaison gouvernementale devra être prise dans l'une des nécessités suivantes :

1° Ou il faut dénier au peuple sa souveraineté, et conséquemment son droit de révoquer un pouvoir qui l'opprime. — C'est le droit divin. Il défend au peuple l'usage de sa

(1) César et Napoléon furent toujours populaires ; ils ne détruisirent que des gouvernemens qui ne pouvaient plus subsister.

force, mais il ne l'en prive pas; il a succombé toutes les fois qu'il a été aux prises avec la puissance du peuple; donc il n'est pas dans l'ordre des choses. L'auteur de cet ordre y a attaché une sanction de fait, qui peut lui manquer quelquefois, mais qui ne lui manque pas toujours.

2° Ou, en admettant le principe de la souveraineté du peuple, il faut supposer que ce principe comporte un gouvernement dépourvu de force matérielle, et laissé à la discrétion de la première révolte qui usurpera le titre d'insurrection nationale. — Le besoin d'un gouvernement suffit pour faire rejeter cette base de combinaison.

3° Ou enfin il faut admettre que des forces doivent être confiées au gouvernement, qu'il doit avoir une armée, ou au moins une garde disposée à le défendre et qui ne délibère pas avec l'insurrection. — Alors il faut se résoudre à voir la destinée de ce gouvernement dépendre d'un combat, entre les forces matérielles qui lui ont été confiées et la force matérielle restée au souverain.

Je ne vois pas qu'on puisse raisonner sur une autre thèse que cette dernière.

Si je pouvais créer un petit monde modèle, pour lui donner un gouvernement modèle, il se pourrait que, voulant être plus sage que la sagesse infinie, je peuplasse ce monde d'hommes comme nous n'en connaissons pas, exempts de toutes mauvaises passions, ayant toujours assez de lumières pour voir la justice, et assez de raison pour se soumettre à ses lois. Avec cette donnée, je ferais un beau traité de droit public, pour édifier, ou plutôt pour faire rougir les hommes de création divine. Dans ce traité, on ne trouverait rien qui pût blesser nos susceptibilités politiques et morales, et certainement la force matérielle n'y figurerait pas comme garantie d'un gouvernement, comme arbitre entre ce gouvernement et le souverain ou les factions qui peuvent l'attaquer. Mon utopie serait portée aux nues par les moralistes et les philanthropes, mais je ne conseillerais pas aux législateurs de la lire.

CHAPITRE XVI.

Suite.

Non seulement l'intervention extraordinaire du peuple est un combat entre le souverain et le pouvoir qu'il veut détruire ou châtier, mais encore elle devient presque toujours l'occasion d'une guerre entre les citoyens; soit parce que le gouvernement s'est fait un grand nombre de partisans par les faveurs dont il dispose; soit parce qu'ayant pris de profondes racines dans le pays, il trouve des défenseurs de conviction et de bonne foi, qui considèrent sa longue possession comme le titre d'une propriété légitime, et son ancien mandat comme un droit irrévocable.

Cette guerre civile, sur la question d'existence d'un gouvernement depuis long-temps établi, se complique encore de dissentions inévitables sur la nature, la forme et le personnel du pouvoir à établir. Un peuple soulevé se défend rarement de l'exagération. Toutes les passions violentes se développent en lui avec excès et ne conseillent que des partis extrêmes; aussi est-il ordinaire qu'après avoir détrôné un roi qui abusait, on se batte pour des projets de république, et qu'en voulant restaurer une république vieillie, on s'égorge pour se choisir un maître entre Marius et Sylla, entre César et Pompée.

C'est donc un grand malheur qu'une révolution, même lorsqu'elle est devenue absolument nécessaire. Il n'existe aucune combinaison politique pour terminer, sans l'intervention de la force matérielle, le conflit élevé entre le souverain et son gouvernement; mais peut-être est-il possible de prévenir ce conflit. La meilleure des constitutions serait certainement celle qui en fournirait le moyen.

Je l'ai déjà dit, ce n'est pas en déniant au peuple le droit de sa souveraineté qu'on prévient les faits par lesquels elle se manifeste. Il semble au contraire qu'on ne puisse la contenir dans une heureuse inaction qu'en reproduisant son principe dans toutes les fonctions de l'état, et en confian au peuple toutes celles de ces fonctions qu'il est capable de remplir (1). On croit alors sentir partout le peuple souverain, qui lui-même se voit partout, et qui, toujours respecté, n'a ni le besoin ni le désir de faire acte de sa haute puissance pour la faire reconnaître. En général, on ne gouverne une force supérieure, pourvue d'intelligence, que par l'opinion qu'elle se gouverne elle-même.

C'est cette opinion qui donna une force si grande et si durable aux gouvernemens de Sparte et de Rome (2); c'est elle aussi qui paraît devoir sauver l'Angleterre de la révolution violente dont elle était menacée par la nécessité d'une grande réforme.

J'aperçois déjà le moyen préventif que nous cherchons; mais avant de le présenter, il me faut encore combattre quelques préjugés qui le feraient rejeter sans examen.

(1) Le suffrage universel dans la plupart des élections ne doit pas être une question de principe; mais il peut être une question de temps fort délicate.

(2) Athènes ne trouva pas le repos dans l'opinion qu'elle se gouvernait elle-même; mais son agitation tenait à une cause particulière: elle n'avait aucune institution héréditaire, ni même à vie; elle ne trouva un peu de paix intérieure que sous la longue magistrature de Périclès. Le bien que fit cette longue magistrature prouve qu'Athènes aurait été puissante et heureuse avec ses élections, moins quelques unes.

La royauté à Sparte, et le sénat à Rome, fesaient un bon alliage au principe de la souveraineté du peuple. Ces institutions héréditaires donnaient la fixité, et la souveraineté populaire donnait la force.

CHAPITRE XVII.

Des modifications de la constitution.

Quand les principales institutions de l'état n'émanent pas du principe de la souveraineté du peuple, quand la nation est à peu près réduite à la liberté civile, il faut lui donner une garantie solennelle pour cette liberté et pour le peu de droits politiques qu'on lui laisse. On fait alors une charte, qui détaille bien ou mal les franchises octroyées au peuple et les droits réservés au pouvoir. Cette espèce de capitulation est déclarée loi constitutionnelle, et on jure de l'observer à toujours.

Il peut y avoir là de la bonne foi, mais alors il y a bien de l'inconsidération et de l'imprévoyance.

Toutes les lois, même celles qu'on nomme constitutionnelles, doivent être en rapport avec les mœurs, les besoins, la situation territoriale, les moyens agressifs ou défensifs, et mille autres conditions qui changent fréquemment chez les nations européennes. Et c'est sur des conditions si changeantes qu'on prétend fonder des institutions destinées à ne changer jamais! Ne voit-on pas que la Pologne a été dissoute pour avoir voulu garder sa monarchie élective, son *liberum veto* et ses autres vieilles institutions, quand tout avait changé en elle et autour d'elle?

S'il y a démence à vouloir bouleverser continuellement la législation d'un peuple, il y a une espèce de stupidité à maintenir chez une nation vieillie, les lois de son origine; c'est vouloir gouverner par les mêmes institutions deux peuples essentiellement différens: après dix ou douze siècles, une nation européenne diffère d'elle-même plus que des autres nations contemporaines.

Au reste, même en méconnaissant l'exigence des changemens de faits, il faudrait, avant de faire une constitution destinée à l'immutabilité, examiner s'il peut exister deux cathégories de lois indépendantes l'une de l'autre. On reconnaîtrait tout d'abord que cette distinction est impossible, que toutes les parties de la législation ont entre elles des rapports plus ou moins apparens, et qu'ainsi, depuis plus de quarante ans, la France cherche la solution d'un problème insoluble, en faisant et refaisant des constitutions *immuables*, pendant que le surplus de la législation demeurait soumis à des modifications continuelles (1).

Le plus grand mal n'est pas de chercher toujours vainement cette solution impossible, c'est d'agir comme si on l'avait trouvée. Quand nous avons fait notre cathégorie de lois supposées immuables, nous nous gardons bien d'établir

(1) Nous parlons encore de lois fondamentales et de constitutions immuables, quand notre histoire législative est pleine de lois fondamentales et constitutionnelles abolies. Il n'était pas de lois plus fondamentales que celles sur la servitude et sur le lien féodal : elles ôtaient l'état politique et civil à la plus grande partie du peuple; elles déterminaient à quelles autorités appartenait la puissance de faire la loi, d'établir les impôts, de faire la guerre ou la paix, et de juger tant au civil qu'au criminel.

Mais sans exhumer ces monumens détruits, nous trouvons dans nos codes modernes une multitude de dispositions constitutionnelles, nécessairement fondues dans la législation qu'on appelle variable.

Les lois qui attribuent et organisent les fonctions électorales sont essentiellement constitutives de l'état politique; elles peuvent cependant être amendées par la loi annuelle de l'impôt, par les lois sur la disponibilité des biens, sur les successions, sur les faillites.

Tout ce qui tient à l'indépendance de la pairie devrait entrer dans la constitution, et pourtant cette indépendance peut être atteinte par une décision sur les majorats et sur les pensions.

Les lois organiques du jury seront réputées constitutionnelles et fondamentales chez tout peuple qui voudra la véritable liberté; cependant sa composition, ses formes, le domaine même de sa juridiction, tout ce qui effectivement constitue le jury, demeure soumis à la législature ordinaire.

Je ne veux pas dire qu'il fallait faire entrer toutes ces matières dans une loi appelée charte; elle ne serait pas encore complète: il faudrait y ajouter au moins le Code pénal, le Code d'instruction criminelle, les lois sur la presse, sur les associations, sur la conscription militaire, sur la contrainte par corps. Toutes ces lois ont pour objet direct de garantir les droits et la liberté des citoyens; elles sont constitutionnelles, si certaines lois peuvent être désignées sous ce titre.

un moyen légal de les amender, et nous les abandonnons ainsi aux modifications subreptices, ou à la violence, qui brise et n'amende pas.

Il serait temps de revenir de ces erreurs énormes et de réformer les mauvais principes dont elles dérivent.

Il est faux qu'il puisse exister des lois politiques immuables.

Il est également faux qu'on puisse distinguer des lois constitutionnelles, indépendantes de ce que nous appelons les lois secondaires.

Quand ces points seront reconnus, il faudra nécessairement en conclure qu'il ne peut exister qu'un seul pouvoir et un seul mode pour faire, modifier et abroger toute espèce de loi.

Cette conclusion est admise sans objection dans le droit public anglais; mais elle est, pour ainsi dire, proscrite en France, sous le titre inexact d'*omnipotence parlementaire*. Cependant il faudra bien reconnaître enfin qu'on ne peut échapper à l'une de ces deux nécessités logiques :

Ou le droit reconnu à la législature ordinaire de faire et modifier toute espèce de loi;

Ou l'intervention du souverain et une véritable révolution dès qu'on voudra toucher à une loi de quelque importance, sans distinction de la cathégorie où on l'aura placée.

Tout milieu jeté entre ces deux nécessités ne pourrait que reproduire la législature frauduleuse de la restauration, avec ses vaines et arbitraires distinctions entre les dispositions fondamentales et les dispositions réglementaires.

CHAPITRE XVIII.

Le principe de la souveraineté du peuple est le seul qui permette les changemens à la constitution par des voies régulières.

Le pouvoir de modifier la constitution peut être laissé à un homme ou à un corps qui n'a pas la force d'établir la tyrannie ou l'usurpation, c'est-à-dire, de priver le souverain de l'usage de son droit (1).

En reconnaissant le droit de souveraineté dans le peuple, il est évident qu'aucun homme ni aucun corps n'a assez de force pour asservir le souverain (j'écarte le cas d'une intervention étrangère). La force ne peut cesser d'être unie au droit; la véritable tyrannie est impossible, et tous changemens que le souverain laisse introduire dans la constitution sont réputés son ouvrage : il adhère à tout ce qu'il n'empêche pas, pouvant le faire (2).

Si au contraire on place le droit de souveraineté dans un monarque ou dans une aristocratie, qui ne peuvent avoir qu'une force attribuée et résultant de certaines combinaisons constitutionnelles, tout changement dans ces combinaisons déplacera la force, pourra la séparer du droit de souveraineté, et établir la tyrannie ou l'usurpation (3).

(1) La tyrannie ou usurpation n'est autre chose que la *force séparée du droit.*

(2) Le fait même de la servitude féodale n'infirme pas ce raisonnement. Les républiques et les communes du moyen-âge s'établirent partout où le peuple voulut user de sa force et de son droit. La puissance des seigneurs était principalement dans l'opinion populaire qui leur supposait le droit d'opprimer, qui acquiesçait au code seigneurial. L'adhésion d'un peuple n'est pas toujours éclairée.

Si on veut des exemples encore vivans d'un acquiescement stupide au plus mauvais des régimes, qu'on observe les paysans russes; non seulement ils souffrent le joug de leur czar et de leurs seigneurs, mais ils poussent jusqu'au fanatisme leur adhésion à la puissance qui les opprime; ils meurent pour la défendre; ils tueraient le novateur qui les engagerait à ressaisir leur souveraineté, même leur liberté individuelle.

(3) Ceux qui admettaient que le roi de France était souverain avaient

Ce danger ne permet de laisser à aucun homme ni à aucun corps le droit de modifier la constitution, et quand un changement est devenu nécessaire, une révolution est devenue inévitable.

Il semble inutile d'aller plus loin, pour avoir démontré :

1° Qu'avec le principe de la souveraineté du peuple toute constitution peut être modifiée : ce qui est dans la nature et la nécessité des choses ;

2° Qu'avec le même principe tous changemens à la constitution peuvent être faits par la législature ordinaire : ce qui est encore dans la nécessité des choses ;

3° Qu'en rejetant le principe de la souveraineté du peuple, il faut supposer une constitution immuable, ce qui est impossible, ou consacrer le besoin et le principe des révolutions violentes, c'est-à-dire, poser le plus désastreux des principes.

C'est ainsi que la souveraineté du peuple, déjà démontrée par son origine, la liberté individuelle de l'homme, me semble encore prouvée par une de ses fins les plus importantes, l'amendement de la constitution, selon le besoin qu'en éprouve la société politique.

raison de voir la tyrannie ou l'usurpation dans la constitution de 1791 et dans la charte de 1814 : ils y voyaient la force séparée du droit, et la souveraineté anéantie.

Ils auraient été inconséquens, s'ils avaient admis que leur souverain pût se dessaisir d'un seul de ses pouvoirs et d'une partie de sa force, autrement que par une délégation toujours révocable.

Dans leurs idées, la charte de 1814 ne pouvait être qu'une concession transitoire ; le serment *à toujours* n'était qu'une vaine formalité, sur un acte nul comme acte perpétuel.

CHAPITRE XIX.

Des pouvoirs de la majorité et du droit de la minorité.

Dans toute réunion où il n'est pas raisonnable de chercher l'unanimité, l'avis de la pluralité doit faire la résolution. Cette règle est particulièrement rationnelle et juste quand il s'agit d'une décision du souverain, qui est plutôt un acte de volonté qu'un jugement. La loi qui assujettirait la volonté du plus grand nombre à celle du plus petit contiendrait un principe de tyrannie et même de dissolution : un principe de tyrannie, parce que la minorité n'a pas de minimum, si ce n'est l'individualité, et que son empire, au moins aristocratique, pourrait arriver jusqu'au pouvoir absolu d'un seul ; un principe de dissolution, parce qu'en donnant le droit de volonté souveraine à la partie la plus faible de l'association, on mettrait d'un côté le droit de vouloir, et de l'autre la puissance de se faire obéir : on dissoudrait le principe même de la souveraineté.

Si on revient sur le reproche que je prends toujours la force matérielle, la force du nombre pour la véritable puissance, je demanderai qu'on m'en indique une autre que je puisse attacher au droit, chez des êtres qui ont été créés avec le libre arbitre.

Si la force matérielle n'était pas celle que l'auteur de tout ordre a destinée à s'unir ordinairement au droit et à lui servir de sanction, il faudrait, ou chercher une force supérieure à la force matérielle, et elle n'existe pas, ou supposer que Dieu a créé le droit pour demeurer dépourvu de sanction et d'appui, et ce serait un blasphème (1).

(1) La force morale, dont on parle beaucoup et que notre civilisation voudrait donner pour unique sanction à ses lois, n'est autre chose que la conviction ou la persuasion. Ce n'est pas une force proprement dite, mais un moyen d'attirer la force.

La conviction et la force matérielle sont destinées à agir ensemble, comme le droit est destiné à être uni au fait. On séparerait systématiquement les uns des autres, si on ne soumettait la minorité à la majorité : on admettrait des résolutions sans exécution possible.

Au reste, cette force matérielle de la pluralité entre parfaitement dans le principe et dans le but de l'association humaine: l'homme isolé serait exposé aux violences qui résulteraient nécessairement de l'inégalité des forces; il s'associe à d'autres hommes pour être protégé par la force du nombre. Si cette force du nombre n'était pas la véritable force de la société, la société serait une inconséquence.

D'après ces principes, l'avis de la pluralité ne doit pas seulement prévaloir, il doit encore obliger la minorité. Cela n'est cependant pas sans restrictions.

Nous avons vu que la souveraineté sociale est inaliénable, parce qu'elle se compose de souverainetés individuelles inaliénables. Si une minorité, si même un seul individu pouvait être asservi d'une manière absolue à la loi de la majorité, il y aurait tyrannie à son égard.

La minorité ne peut annuler la loi faite sans son consentement; mais elle peut s'y soustraire, en renonçant à l'association; et elle reprend ainsi la liberté, la souveraineté individuelle qu'elle avait mise dans la société.

Quelles sont les conséquences de pareilles scissions?

Les individus ainsi séparés d'une société politique conservent-ils des rapports avec cette société?

Quels peuvent être ces rapports?

Ces questions et une multitude d'autres qui naissent de la position dont il s'agit se décident par le droit des gens, car il n'est plus question du droit de la souveraineté et des devoirs des sujets. Il n'entre pas dans mon plan de m'en occuper; mais je dois dire quelques mots sur le droit qu'a la société de s'opposer aux scissions importunes, et de régler, suivant son droit de défense nationale, les conséquences des scissions autorisées par le droit naturel.

CHAPITRE XX.

De la dénationalisation.

Il faut d'abord remarquer que, s'il est permis à chaque individu de renoncer à une association politique et de reprendre l'usage de sa pleine liberté, aucun n'a le droit d'en obliger un autre à rompre aussi le lien national. D'où il suit qu'une décision de séparation ne peut être prise à la pluralité, dans une province ou autre division faisant partie intégrante d'un corps politique.

Il est vrai qu'une nation, que même toute unité collective délibère à la pluralité; mais le grand nombre n'oblige le petit nombre qu'en vertu de la souveraineté commune ou d'une loi émanée d'elle. Une délibération tendant à rompre la souveraineté commune ne serait pas prise en vertu de cette souveraineté ni d'une loi émanée d'elle, mais en vertu de chaque souveraineté individuelle. Or celle-ci n'a aucun empire sur autrui; elle ne peut donner la loi à personne.

Ainsi, lors même qu'il y aurait accord entre un grand nombre de personnes pour se séparer du corps politique, leur dénationalisation ne peut être regardée que comme individuelle. Il y a ici même principe que sur la naturalisation (1).

Si, en entrant dans une société politique, chaque sociétaire s'est réservé le droit imprescriptible de s'en séparer, il s'est interdit celui de se retirer à *contre-temps*, c'est-à-dire, dans des conjonctures où sa séparation pourrait compromettre les grands intérêts de la société, et au moment où il doit s'acquitter envers elle d'une obligation essentielle. Ainsi,

(1) Ces principes ne sont applicables qu'aux populations véritablement nationalisées. Quant aux provinces conquises et aux colonies qui ne sont pas associées à la souveraineté commune, elles peuvent être considérées comme des sociétés particulières, en dehors de celle qui les tient assujetties. Leurs rapports avec celle-ci sont étrangers aux principes sur la souveraineté.

On doit en dire autant des états simplement confédérés.

un militaire doit achever son service; il ne peut, sans trahison, abandonner l'armée en présence de l'ennemi.

Dès qu'un ou plusieurs individus se dénationalisent, soit pour se naturaliser dans une autre nation, soit pour former un nouveau corps politique, ils ne conservent plus, avec le peuple qu'ils ont abandonné, que les rapports du droit des gens.

Ce droit des gens a deux principes souvent difficiles à concilier dans notre état actuel de civilisation, savoir : le droit de défense nationale, et le respect pour les propriétés privées.

Le droit de défense autorise un état politique à s'acquérir et se conserver un territoire continu et de bonnes frontières.

Le respect pour les propriétés privées défend de dépouiller le particulier, même dénationalisé, des biens qu'il possède selon les lois du territoire.

On ne peut satisfaire à l'exigence de ces deux principes quand ils se croisent, qu'en donnant l'équivalent de la propriété privée; mais on le peut, quand cet équivalent se réduirait à une somme d'argent; parce que, dans toutes les sociétés européennes, et d'après le droit des gens admis entre elles, l'argent représente toute propriété privée.

D'après un autre principe incontestable du droit des gens, tout souverain est maître d'ouvrir ou fermer son territoire aux étrangers. Or aucun étranger ne peut être plus justement soumis à une loi d'expulsion que l'homme qui s'est volontairement nationalisé.

L'expulsion, cette conséquence forcée des principes qui viennent d'être exposés, est bien rigoureuse pour nos mœurs; on ne doit y recourir qu'en cas de nécessité absolue. Du reste, elle est admise par deux grands publicistes, divisés sur une multitude d'autres points, par Grotius et J.-J. Rousseau.

4

CHAPITRE XXI.

Suite.

L'esprit novateur de notre temps a cherché une nouvelle situation politique entre la soumission de la minorité et la dénationalisation. Une minorité et même des minorités diverses pourraient refuser de reconnaître les institutions établies sur le territoire ; chaque minorité pourrait avoir, sur ce territoire, sa loi et sa souveraineté respective.

Cet étrange système semble vouloir se fonder sur un phénomène social que nous présente l'histoire, et qu'il est nécessaire de mentionner.

Après le démembrement de l'empire romain par les peuples barbares, chacun de ces peuples, en conservant ses propres lois, laissa les lois romaines aux populations subjuguées. L'anomalie fut portée plus loin : plusieurs peuples barbares se mêlèrent sur le même territoire, chacun gardant ses coutumes, chaque famille vivant sous sa loi nationale. Ainsi la Gaule se trouva en même temps, et presque partout, sous les lois romaines, saliques, ripuaires, allemandes, wisigotes, etc. La loi, la juridiction même étaient personnelles ; elles suivaient l'homme en quelque province qu'il se transportât, et à cause de l'homme, elles régissaient aussi ses biens, sur quelque territoire qu'ils fussent situés.

Ce phénomène fut un accident du plus vaste désordre qui ait affligé la société humaine. De loin, il donne l'idée d'un admirable système d'indépendance ; observé de près, il ne présente que la plus déplorable anarchie ; et de fait, il produisit cette servitude presque universelle connue sous le nom de féodalité. Les lois personnelles dénationalisèrent et isolèrent les hommes, au point que le faible ne trouva de garantie pour son bien et sa vie qu'en se livrant, corps et biens, au voisin plus puissant qui pouvait le défendre. L'association de la vassalité était indispensable où il n'existait pas de véritable association nationale.

Cependant, lors même que chaque famille avait sa loi et

ses juges, quant aux intérêts privés (1), le commandement, le titre de la souveraineté était encore territorial : le roi d'Austrasie ne commandait pas l'armée de Bourgogne ; cette armée ne s'assemblait pas en Champ-de-Mars pour régler les affaires de Neustrie ; dans les actes de partage entre les rois de la première race, on stipulait toujours que chaque homme libre demeurerait soumis au souverain du territoire qu'il habitait. Mais le vice des lois personnelles prévalut ; le lien national fut dissout, et on ne connut plus que le lien féodal.

Ainsi se perdra la nationalité partout où il n'y aura pas l'unité souveraine. Cette nationalité peut se conserver chez un peuple opprimé ; mais elle ne saurait subsister chez un peuple divisé, qui ne formerait plus qu'une agglomération d'individus, ou un assemblage incohérent d'associations diverses.

(1) Les lois pour la répression des crimes étaient personnelles et d'intérêt privé ; il ne pouvait y avoir condamnation sans accusateur intéressé, et les peines étaient des compositions en denrées ou en argent.

CHAPITRE XXII.

De l'adhésion tacite aux lois et au gouvernement établis.

Les sophistes abusent des principes les plus vrais et les plus sages.

Tout homme naît libre comme ses pères.

Nul ne peut être soumis à des lois et à un gouvernement auxquels il n'a pas librement adhéré.

Voilà des principes incontestables; mais on en a tiré la conséquence que tout homme peut refuser obéissance à un gouvernement, si chaque membre du souverain n'a pas été requis de lui donner ou de lui refuser son adhésion.

Cette conséquence n'est pas seulement fausse, elle est absurde, car elle renferme celle-ci, que chaque homme, atteignant un âge donné, doit être consulté sur le maintien ou l'abrogation de toutes les lois et de toutes les institutions publiques; c'est-à-dire que toutes ces lois et toutes ces institutions doivent être soumises à un scrutin perpétuel.

Aucun publiciste ne s'est donné la peine de discuter un pareil système; tous ont reconnu une adhésion sans interpellation, sans volonté articulée (1).

L'adhésion tacite, quant au souverain, est dans son inaction et son silence. Il pourrait détruire ce qu'il réprouverait; tout ce qu'il ne détruit pas, il l'approuve. Quant aux individus, ils adhèrent aux lois et au gouvernement dont ils acceptent la protection, et dont ils habitent le territoire, sans avoir renoncé à la nationalité.

(1) Si on n'admet pas l'adhésion tacite, il faut reconnaître la justesse des résultats suivans:

Dans un état où quatre cent mille jeunes gens prennent chaque année la robe virile, quatre millions d'hommes seront sans obligation à l'égard du gouvernement et des lois ayant dix ans d'existence. Après trente ans, ce gouvernement et ces lois seront étrangers à la majorité; après un demi-siècle, ils n'obligeront personne.

Dans la théorie de l'adhésion formelle, les lois se perdraient par l'ancienneté, par la seule chose qui puisse leur donner de la force.

Il faut remarquer que le titre et les droits de la nationalité sont héréditaires, et que ses devoirs le sont aussi. Cela ne veut pas dire, comme on le soutient dans le droit divin ou féodal, que le sujet ne peut se soustraire, sans congé, à la domination sous laquelle il a pris naissance, mais qu'il reconnait toutes les lois d'une nationalité dont il ne répudie pas le titre.

CHAPITRE XXIII.

De ce qu'on appelle la souveraineté territoriale.

Définie dans ses rapports les plus généraux, la souveraineté est la domination d'une volonté sur d'autres volontés. La souveraineté, et son relatif la sujétion, ne peuvent donc exister que d'hommes à hommes. La domination, quant aux êtres inanimés, ou incapables de volonté, s'appelle *dominité* ou droit de propriété.

On distingue, chez les peuples civilisés, deux droits de propriété: l'un appartenant à la société politique et souveraine, qui est réglé par le droit des gens; l'autre appartenant aux individus, et qui dépend du droit civil (1).

Le souverain dispose de son droit de propriété par des traités faits avec d'autres souverains. La justice dicte quelquefois les traités, mais ordinairement c'est la force. Le droit des gens, avec ses vagues conventions, n'a été admis que pour réprimer les violences et les manquemens de foi qui seraient atroces.

Suivant le principe de la féodalité, qui assujétit l'homme par la terre, le seigneur qui vend son domaine en vend les

(1) Des légistes pourraient critiquer cette classification et m'indiquer un droit de propriété qui n'est régi ni par le droit des gens ni par le Code civil; cette propriété est désignée sous le nom de *domaine public*. Il y a aussi des domaines de corporations qui ne sont pas proprement des biens individuels.

J'admets ces distinctions sans y avoir égard ici. Je ne veux distinguer qu'entre la propriété réglée par le droit extérieur, appelé droit des gens, et la propriété soumise au droit intérieur, que je nomme droit civil, par opposition.

Si on veut que je caractérise ces deux droits par un exemple, je dirai que le Français propriétaire d'une île dans le Rhin peut la vendre à un autre Français, et même à un Badois: il use de son droit civil; mais il ne peut la vendre au grand-duc de Bade pour y construire un fort. Le souverain français s'y opposerait, en vertu de son droit de propriété politique.

paysans, le souverain qui cède un territoire cède en même temps la souveraineté sur les *ames* qui s'y trouvent.

Mais dans notre principe de la souveraineté (la domination d'une volonté commune sur des volontés individuelles associées), il est évident qu'une cession de territoire ne peut être une aliénation ni un démembrement de la souveraineté. Le traité qui a séparé Landau de la France n'a pu en détacher que de la terre et des murailles. La volonté des habitans a dû rester libre d'opter entre leur habitation et l'association française: c'est assez, pour celui qui acquiert le sol, des liens d'intérêts qui y enchaînent presque toujours les habitans.

Ce principe, que l'homme ne peut être cédé avec le territoire, commence à prévaloir sur le principe féodal, dans le droit public des nations civilisées: il devient ordinaire de stipuler, dans chaque cession territoriale, que les habitans pourront quitter le pays, pour demeurer avec leurs co-nationaux.

Le droit de propriété nationale étant ainsi caractérisé, il ne peut rester aucune inconséquence à admettre une souveraineté inaliénable et imprescriptible. Elle se concilie avec un droit des gens qui autorise les acquisitions et démembremens de territoire, qui même légalise le droit de conquête.

Ainsi, je crois avoir exposé un ensemble de principes d'accord entre eux et avec tous les grands faits de la société.

On pourrait faire un très gros livre sur le sujet que je viens de traiter; je ne me suis senti que la force d'en faire le sommaire, et je répète que j'ai voulu seulement présenter un programme de discussion publique.

G.-D.

TABLE DES CHAPITRES.

Imprimerie de BRUN, rue du Mail, n° 5.

www.ingramcontent.com/pod-product-compliance
Ingram Content Group UK Ltd.
Pitfield, Milton Keynes, MK11 3LW, UK
UKHW021503260726
13993UKWH00004B/1535

9 782329 237183